L'EMPIRE
EST DANS L'EMPEREUR

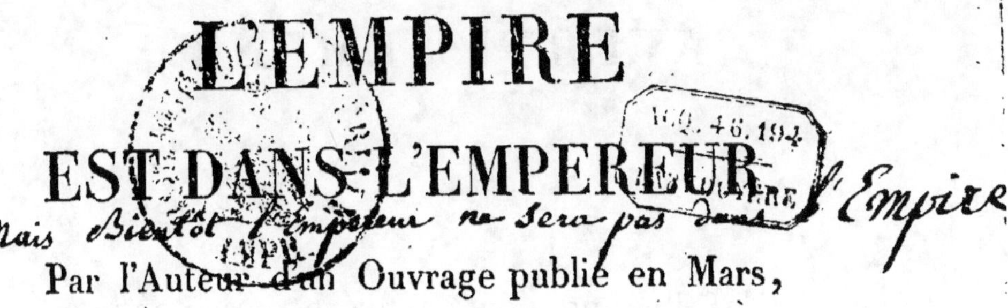

Mais bientôt l'Empereur ne sera pas dans l'Empire

Par l'Auteur d'un Ouvrage publié en Mars,

AYANT POUR TITRE :

L'HOMME DU SIÈCLE ET DE LA PATRIE.

Serves Cæsarem.
HOR. ad fortunam.

PARIS,

CHEZ
{ BARBA, Libraire, Palais-Royal, derrière le Théâtre Français, n°. 51 ;
Delaunay, Libraire, Palais-Royal, galerie de bois;
Martinet, Libraire, rue du Coq-Saint-Honoré.

De l'Imprimerie de Hocquet, rue du Faubourg Montmartre, n°. 4.

15 avril 1815.

AVERTISSEMENT.

Ce titre ne peut déplaire à personne : si je place l'Empire dans L'Empereur, c'est parce qu'il a proclamé que l'Empereur était pour l'Empire.

L'EMPIRE

EST DANS L'EMPEREUR..

Je ne pense pas que l'Europe ose nous déclarer la guerre ; mais qui peut expliquer la politique des souverains ? qui peut mesurer l'étendue du pouvoir de quelques gens d'un grand esprit, mus par de grandes passions, sur des rois, que le souvenir de notre gloire offense encore ? Je supposerai donc que nous puissions être attaqués, et je veux prouver alors que la France serait perdue si nous pouvions hésiter à nous rallier autour de l'Empereur.

Si l'Europe prend les armes, ce n'est point pour soutenir *les droits* de Louis : les descendans de Michel Fœdérowitz, de George de Brunswick savent trop bien que *les droits* des souverains ne sont autres que *la volonté* des peuples.

Ce n'est point pour prévenir ce qu'ils appèlent l'ambition de l'Empereur : ils ne craignent plus de voir nos couleurs dominer leurs cités. Les vainqueurs de Marengo, d'Austerlitz et de la Moscowa n'ont plus besoin de gloire ; l'Empereur a renoncé aux conquêtes : les besoins de sa dynastie, la volonté de la France, ses intérêts, tout l'oblige à donner la paix au monde. Il s'ouvre une nouvelle carrière aux souverains : il faut qu'ils rendent les peuples libres et heureux : c'est dans cette arène que l'Empereur veut désormais combattre; c'est là seulement qu'il veut vaincre; c'est à cette gloire seule qu'il veut aspirer. Il convient à son caractère de déposer le glaive d'Alexandre, pour prendre le style de Lycurgue et de Solon.

Serait-ce pour nous empêcher de porter tôt ou tard nos limites jusqu'au Rhin, que les rois de l'Europe voudraient s'armer contre nous ? Mais s'ils veulent que nous soyons modérés, qu'ils nous donnent l'exemple de la modération. Que la Prusse rende indépendante la Saxe, que la Russie restitue la Finlande à la Suède et reconnaisse la Pologne, que la Suède rende la Norwège au Dannemarck, que l'Angleterre abandonne ses points militaires, que l'Autriche laisse les Italiens se gouverner à leur gré : eh, quoi! les droits des empires ne sont plus égaux! les nations osent interdire à la France ce qu'elles font pour elles-mêmes, quelle est donc cette tyrannie odieuse d'un moment de prospérité, de l'arrogance et de la force?

Ainsi la France, l'héritage de Pharamond et de Charlemagne ne doit plus jouir des droits des nations; elle doit s'humilier devant le descen-

dant d'un électeur de Brandebourg ; les vainqueurs de Lodi, d'Iena, de Friedland et de Tilsitt
ont passé sous le joug ; les. Français sont un
peuple d'esclaves, de malheureux Ilotes faits
pour trembler et pour obéir !...

Si les rois deviennent nos ennemis, c'est qu'ils
veulent étouffer l'esprit de liberté qui se déploie
dans toute la France, qui fermente en Belgique,
en Italie, et qui menace le nord ; mais alors cette
guerre qu'ils nous déclarent, ils la déclarent à
l'humanité , et notre cause devient celle de tous
les peuples contre quelques hommes orgueilleux.

Un autre motif encore leur fait prendre les
armes : ils veulent ôter à la France toute influence
politique, pour se partager ensuite le monde au
gré de leurs caprices.

Et pour parvenir à ce double but de notre des-
truction intérieure et de l'anéantissement de
notre gloire, que doivent-ils faire ? Nous ravir
l'Empereur, parce qu'ils savent qu'il va cimenter
notre liberté, faire de nous des hommes, nous
rendre redoutables, si non pour l'étendue de
notre territoire, du moins par la force de nos
institutions. Ils doivent encore nous donner les
Bourbons, parce que ces princes comprimeront
nos âmes aggrandies par les lumières et par la
liberté ; et qu'une dynastie dégénérée , mal assise
sur un trône chancelant, porte des vues retré-

cies dans l'intérieur de son palais, sans se soucier de ce qui se passe hors des limites de l'Empire.

Oui, sans doute, Louis ferait peser tôt ou tard sur nous la barbarie des anciens siècles. Qui ne voit, en effet, que nos institutions et nos mœurs, ne sont point d'accord avec l'éducation qu'il a reçue à la Cour de Louis XV ; et les premiers principes de l'éducation, dans une âme faible, ne dominent-ils pas toujours ?

Napoléon en établissant chez nous le pouvoir absolu, la noblesse héréditaire, avait évidemment abandonné ses idées premières, et l'état de son esprit devait être en quelque sorte dans une position forcée. Il est l'homme de la révolution, l'homme des idées libérales ; aussi quand une triste expérience lui a fait ouvrir les yeux sur les besoins des Français, sur les siens propres, il est revenu franchement, sans efforts, sans détours à ses premiers principes. Le droit qu'a le peuple d'être représenté par des députés de son choix, la liberté individuelle, l'égalité des citoyens devant la loi, l'abolition des droits féodaux, l'établissement du Jury, l'inamovibilité des juges ; le droit de voter les impôts et leur répartition égale, la liberté de la presse, la tolérance de tous les cultes et les autres bienfaits de notre immortelle révolution sont d'accord avec les pensées de sa jeunesse. Mais comment pourrions - nous attendre toutes ces institutions de Louis? ses idées, celles de sa famille, ne tendent - elles pas au rétablissement de la monarchie absolue, à l'anéantissement prochain ou éloigné des voteurs de la mort de Louis et des chefs de nos diverses révolutions? son retour ne détruit-il pas pour jamais cette garantie sacrée que vingt cinq années de massacres devraient avoir donnée à nos droits? ne nous ravit-il pas nos loix politiques et civiles, nos mœurs, nos coutumes, identifiées avec nos besoins, consacrées par notre volonté? n'attaque - t - il pas les militaires dans leur gloire, leurs dotations, leur traitement, leurs décorations, leurs honneurs? la France entière dans ses biens? les protestans, les juifs dans leur religion? et, nous ramenant la féodalité, ses droits injustes, ses privilèges absurdes, les dîmes, l'intolérance, la domination exclusive de quelques individus que la France regarde en ennemis, ne bouleversent-ils pas nos idées, nos coutumes et ne désorganisent-ils pas entièrement le corps politique? Ces vérités sont évidentes : elles sont constatées dans divers écrits plus ou moins bien faits, plus ou moins patriotiques, publiés depuis quelques jours; elles re_ posent sur une éducation première dont l'influence ne se perd jamais; elles s'appuient sur les actes d'un gouvernement de dix mois. Il ne manque pour leur donner une espèce de sanction, que l'approbation verbale de Louis et cette approbation verbale il l'a donnée.

Les paroles des princes ne sont jamais perdues, et chacun de nous se rappelle que M. le comte de Lille a dit à une députation de la chambre des députés, qu'il *approuvait* les principes dans lesquels étaient rédigés l'écrit de M. de Ch... ayant pour titre : *Réflexions politiques sur quelques écrits du jour* ; qu'il conseillait aux députés de les méditer, et de se les rendre propres. Pour découvrir la pensée de Louis, il n'y a donc plus qu'à voir quels sont ces principes.

(Page 5.) « *Le monde comme le roi n'a pas » donné sa parole* (d'oublier la mort de Louis » XVI) IL POURRA ROMPRE LE SILENCE.

(Page 35.) « *La vente des biens nationaux » est l'une des plus grandes injustices qui fu- » rent jamais commises, et il n'y aura pas de » parfaite réconciliation entre les Français, » jusqu'à ce qu'on ait trouvé le moyen,* PAR » DES TRANSACTIONS VOLONTAIRES, *de diminuer » ce que ces injustices ont de criant et d'o- » dieux.* » Mais M. de Ch. parle plus loin de la pauvreté des émigrés : ils sont nus, sans ressources, sans asile, et quelle transaction faire entre deux individus, dont l'un a tout et l'autre rien? elles ressemblent sans doute à ces transactions volontaires qui se font sur les grands chemins, ou bien à celles que les Juifs faisaient avec les rois Jean et Henri III, de détestable mémoire.

(Page 116.) « *On pourrait prouver par des* » *raisons puissantes que ce que nous appelons* » *le progrès des lumières est une marche ré-* » *trograde de l'esprit humain, un retour à la* » *barbarie, une véritable corruption de la po-* » *litique, de la morale et du goût.*

(Page 117.) « *Déplorons à jamais la chûte de* » *l'ancien gouvernement des tems de Dugues-* » *clin, de la Hire et de Dunois; mais malheu-* » *reusement ce bel édifice est écroulé,* (Pag. 116.) » *et nous ne pouvons pas faire que le* 19e *siècle* » *soit le* 16e. *le* 15e. *et le* 14e. (pag. 122.) *etc. etc.* »

Or je le demande à tout homme qu'une prévention injuste n'aveugle pas, dans quels principes sont écrites ces phrases étranges?

N'appellent-elles pas la vindicte publique sur la tête des voteurs? N'attaquent-elles pas violemment les acquisitions de biens nationaux? ne proclament-elles pas le retour aux idées anti-libérales? et si ces principes, germes sanglans d'une affreuse contre-révolution, ne sont point exprimés en termes plus précis, plus nets; si, dans

l'ouvrage, ils sont environnés des moyens ora-
toires que le talent de M. de C. lui donne avec
profusion, doit-on attribuer cette retenue à la
libéralité des idées, ou bien à la crainte d'effa-
roucher trop tôt un peuple encore libre, qui
n'aurait pas vu, sans frémir, les chaînes dont on
le menaçait?

Espère-t-on que Louis, frappé de ses fautes,
revienne en France, corrigé par l'expérience et
le malheur? Les têtes fortes peuvent seules secouer
le joug des préjugés d'une longue éducation, et
Louis s'est montré trop petit pour nous laisser
aucun espoir; en vain, pour ressaisir le sceptre
que ses faibles mains n'ont pu retenir, il nous
prodiguera de fallacieuses promesses; le grand
homme est évanoui; le voile qui nous le cachait
est pour toujours déchiré : nous ne voyons plus
en lui qu'un Childéric III, un Louis V; les res-
tes inanimés d'une dynastie qui s'éteint : un roi
incapable de s'élever à la taille du grand peuple
et de le regarder de niveau; si nous lui accor-
dons les lumières d'un littérateur, d'un homme
d'esprit, les qualités d'un bon père de famille,
nous lui refusons les vertus d'un roi : ce n'est
point en assemblant des lignes de douze syllabes
qu'on apprend à gouverner des Français, et
jamais le paisible batelier des bords de la Loire,
ne saura commander aux tempêtes des mers du
Nord.

Mais que peut-il résulter du manque d'accord entre la volonté, l'âme, et les diverses parties du corps? des maladies et la dissolution de l'individu. Que peut-il résulter de la divergence absolue d'opinions, de vœux et de besoins entre le chef de l'état et tout un peuple? Des révolutions, l'anéantissement des citoyens ou de la famille-régnante. Mais les Bourbons ne voudront point s'exposer à se voir sacrifier à vingt-cinq millions de français : ils savent trop bien de quelle importance ils sont sur ce globe. Qui oserait la mettre en doute cette importance? Ne sait-on pas de quel poids est dans cet univers un homme qui descend de St. Louis, qu'on appèle Roi et qui a des cordons? Ils sacrifieront donc nous et l'honneur de la France à leur sûreté : ils régneront par la présence de l'étranger et par la terreur. O France infortunée ! il est passé le règne de la clémence et de l'amour; les Bourbons sont éclairés par une triste expérience ; ils savent que le principe de cette dernière révolution qui les a chassés du trône, est autant dans notre mépris pour eux, que dans le retour du héros ; ils savent que tu les a repoussés deux fois; que tu les repousserais encore, et qu'ils ne peuvent se maintenir dans ton sein, qu'en désarmant tes enfans, qu'en substituant les couleurs de l'ennemi à celles de la patrie, et qu'en te couvrant d'échafauds.

Si leur retour attaque chacun de nous dans ses biens, dans son honneur, dans sa vie, qui peut douter qu'il ne soit aussi préjudiciable à la France, considérée comme corps politique, comme nation ?

Quel peut être en effet le prix des efforts de toute l'Europe dans cette lutte dont le principe est une haîne furieuse à nos institutions et à notre énergie, mais dont elle ne manquera pas de demander la récompenseà Louis ? La perte de nos trésors, de notre commerce, et le démembrement de nos provinces. Qui pourrait affirmer que maintenant la Flandre, la Lorraine, l'Alsace et la Champagne ne sont point vendues à la Prusse, à l'Angleterre ou à l'Autriche ?

Si, détournant les yeux de ces ennemis de la patrie, nous les portons sur l'Empereur, toutes nos inquiétudes disparaissent ; l'empire conserve son organisation intérieure et reprend toute sa gloire ; les chefs de nos révolutions n'ont plus rien à craindre, puisque ces révolutions, il les a aimées, servies lui-même ; chaque citoyen rentre dans ses droits, ses mœurs, ses habitudes : nos soldats ne quitteront plus ces décorations, témoignages de leur bravoure et de leur gloire ; ils auront la garantie de ces dotations, dont la patrie reconnaissante, a récompensé leurs travaux ; chaque propriétaire ne verra plus se former lentement la ruine de sa famille, ne craindra

plus qu'un inconnu ne vienne lui ravir la dot
de sa fille et le patrimoine de son fils ; nos pay-
sans ne seront plus contraints de décimer le fruit
laborieux de leurs sueurs ; les hommes de lettres,
les artistes pourront s'abandonner aux idées
qu'inspirent les grandes vues d'un gouvernément
libéral, écrire, travailler pour la patrie qui leur
sera chère ; nos jeunes gens, enfans d'une révolution qu'ils aiment, seront affranchis de quelques présomptueux, titrés avant leur naissance,
et pourront ambitionner ces places militaires ou
civiles, qui ne doivent plus être que le patrimoine
des talens, et de la vertu. Et si la France est
heureuse au dedans, quelle attitude au déhors !
L'Empire a déja grandi par la présence de l'Empereur ; qu'y a-t-il de changé depuis un mois ? un
seul homme, et l'Europe entière s'indigne, s'a-
gite et frémit : nous ne sommes donc plus les
mêmes ? on nous craint et nous ne sommes plus
avilis.

Puisqu'il est bien évident que le retour des Bourbons doit entraîner la ruine de la France, et que
son existence est maintenant dans l'Empereur ;
il l'est également que les alliés en attaquant Napoléon attaquent chacun de nous dans sa vie,
dans ses habitudes ; que s'ils séparent la cause
de notre chef de la nôtre, c'est afin de nous dé-
sunir, de nous affaiblir et de pouvoir plus facilement nous vaincre. Cette tactique ne leur

est point nouvelle ; mais maintenant nous savons
à quoi nous en tenir, et nous ne sommes plus
les hommes de l'année passée. Si nous avons été
vaincus, c'est que nous étions désunis ; maintenant nous sommes ralliés autour d'une même
bannière, celle de l'honneur et de la liberté ;
nous sommes les hommes de 92 ; mais ayant
les sentimens de leur force, mais furieux, mais
implacables, si l'on attaque l'objet de nos af-
fections, et si l'on veut nous ravir le palladium
sacré de notre bonheur et de notre gloire.

Que l'Europe y prenne garde ; elle joue une
partie bien incertaine, les chances ne sont plus
pour elle. On n'écrase pas facilement deux ou
trois millions de Français, décidés à vaincre ou
à périr ; il est imprudent de provoquer au com-
bat le lion frémissant d'indignation et de courage : le premier choc sera terrible, et si l'on
nous poussait à bout, nous prouverions peut-
être que nous n'avons point oublié le chemin
de Vienne, de Munich et de Berlin.

Et d'ailleurs si nous ne sommes plus les mêmes ; si l'expérience, les revers, de nouvelles
institutions ont retrempé nos esprits et fortifié
notre courage et nos âmes, l'Europe elle-même
n'a-t-elle point changé de position ?

Croit-on que Joachim, justement indigné des
démarches ténébreuses de Louis, des froides dis-
positions du congrès, n'écrira pas sur ses dra-

peaux : Napoléon ou la mort ? Doute-t-on qu'il ne puisse incendier l'Italie, lasse de porter le joug de l'étranger, et qu'il ne mette l'Autriche sur la défensive ? il est brave, il a de grands talens et son poids est immense dans la balance des affaires de l'Europe ?

Croit-on que Charles-Jean, François II, qui ont pu combattre quand il fallait secouer le joug de Napoléon, prendront les armes quand il s'agit de sa tête ? Un père se montrera-t-il à une épouse à un fils, couvert du sang de l'époux et du père ? et s'il se laisse entraîner dans la coalition, se battra-t-il avec bien du courage ; ne pourra-t-il point se retirer au moindre revers ? Dans ce siècle où l'on a vu tant de crimes, tant de paroles faussées, les défections sont-elle donc si rares ?

Si nous jettons les yeux sur l'Europe, qu'y voyons-nous ? la Suède neutre ; l'Autriche incertaine ; la Saxe, la Pologne, les princes médiatisés, l'Italie, la Belgique n'attendant qu'un premier signal pour secouer un joug insupportable et pour se joindre à nous ; quelle raison puissante d'accroître notre dévouement à la patrie, que de nous voir secourus dans sa défense et de pouvoir espérer le triomphe !

Français ! montrons-nous dignes de nous-mêmes dans cette lutte sanglante. En défendant Napoléon, il ne s'agit plus de défendre un souverain, mais l'intégrité, la gloire de la France, nos biens, nos familles, nos droits. Abandonner l'Empereur, c'est consentir à voir démembrer la patrie et présenter nos bras aux chaînes du fanatisme et de la féodalité. Levons-nous donc en masse au moment du danger; point de demi-mesures, point de lâches : l'attitude du grand peuple suffit seule pour sauver la France.

VIVENT LA FRANCE ET L'EMPEREUR!